AF358335

DÉPARTEMENT DE LA CREUSE

ARRONDISSEMENT DE BOURGANEUF

NÉCROLOGIE

DISCOURS

prononcé par

M. ALFRED BARLET, Sous-Préfet, sur la tombe du Commandant BROSSARD, Maire de la ville de Bourganeuf.

(30 Septembre 1879)

Bourganeuf, imp. J. GUILLON. — 1879

NÉCROLOGIE

> « *Il y avait chez le commandant*
> « *BROSSARD le fond d'un Romain :*
> « LA LIBERTÉ *et* LA PATRIE *étaient*
> « *tout pour lui !* »
>
> (A. B.)

OFFERT

*A Monsieur*___________________________

Hommage de l'auteur
(Septembre 1879)

ARRONDISSEMENT DE BOURGANEUF

NÉCROLOGIE

DISCOURS

Prononcé sur la tombe du Commandant Brossard, Maire de Bourganeuf, par M. Alfred Barlet, Sous-Préfet de l'arrondissement.

(30 Septembre 1879)

Messieurs,

En présence de cette foule nombreuse et recueillie, qui vient d'accompagner à sa dernière demeure un magistrat estimé de tous, un homme qui vient d'être enlevé à sa famille, à ses amis, par une maladie d'autant plus douloureuse qu'elle a été longue, je ne puis m'empêcher de traduire devant cette tombe les regrets dont nous sommes tous pénétrés.

J'étais destiné, malheureusement, à rendre ce devoir funèbre à l'un de ceux de vos concitoyens qui m'ont témoigné le plus de sympathie depuis mon arrivée à Bourganeuf, et dont le concours personnellement affectueux et dévoué, ne s'est jamais démenti.

C'est donc avec une émotion bien profonde que je vais vous retracer, au bord de cette fosse, les mérites de celui auquel nous venons rendre un respectueux et suprême hommage.

Messieurs,

Celui que nous regrettons tous aujourd'hui, joignait à des connaissances aussi variées qu'étendues, un caractère ferme et courageux, un cœur droit et une bienveillance à toute épreuve ; aussi sût-il bientôt se créer des amis nombreux au milieu de la population démocratique de Bourganeuf, qui était devenue sa ville d'adoption.

Nicolas-Auguste BROSSARD, maire de cette commune, chef d'escadron en retraite, et officier de la Légion d'honneur, s'est éteint le 28 septembre courant à l'âge de 75 ans, entouré de l'affection de son fils, des soins pieux d'une femme vertueuse, douce, digne et honorée, et de l'estime de ses concitoyens.

Le commandant Brossard avait servi son pays avec honneur pendant plus de trente-cinq années.

Resté longtemps en Afrique où il eut à supporter les plus dures fatigues, il ne se départit jamais de cette obéissance qu'il devait à ses chefs et qui fait la force de l'Armée française.

Né à Toulon-sur-Mer, (Var), le 20 floréal, an XII, il avait à peine 19 ans lorsqu'il s'engagea comme volontaire, le 29

octobre 1823, au 10e régiment de chas-
seurs.

Le 7 décembre 1824, un an après son
incorporation, il était nommé brigadier.

Auguste Brossard avait voué sa vie à
la défense de sa patrie ! — Soumis à cette
dure mais nécessaire règle qu'on nomme
la discipline ; travaillant avec ardeur à
compléter une éducation qu'il trouvait
incomplète, il ne tarda pas à fixer sur lui
l'attention de ses supérieurs et à conqué-
rir leur bienveillance.

Il fut fait Maréchal-des-Logis, le 4
août 1828.

Son application constante, son exacti-
tude louable, son zèle et son dévouement
suffisent à expliquer l'avancement excep-
tionnel dont il devait être l'objet deux
ans plus tard.

Le 1er décembre 1830, Brossard fut
nommé sous-lieutenant.

Ne possédant d'autres titres de recom-
mandation que son amour pour le no-

ble métier des armes, son infatigable activité et l'ardent désir de se perfectionner, Auguste Brossard attendit patiemment neuf longues années avant d'être promu au grade de lieutenant, auquel il fut enfin nommé le 19 avril 1839.

Brave et docile, bon et réservé, modeste dans la bonne fortune, indulgent pour les autres, sévère pour lui-même ; ces nobles qualités qui étaient les côtés saillants de cette nature d'élite, lui valurent de nouveau l'attention de ses chefs.

Le 23 juin 1844, le lieutenant Brossard fut élevé au grade de Capitaine adjudant major.

Sa conduite exemplaire, ses beaux états de service, joints à l'estime de ses supérieurs, ne pouvaient être oubliés.

Le 10 décembre 1849, le capitaine Brossard vit donc briller sur sa poitrine la décoration de Chevalier de la Légion d'honneur qn'il avait si bien méritée.

Dès ce moment, l'avenir s'ouvrait de-

vant lui plus riche d'espérances et de pro-
messes réalisables à un délai plus ou
moins long.

Son attitude, je pourrais dire sa bra-
voure, fut à la fois si fière et si vaillante
pendant onze années consécutives, que,
le 4 août 1855, il fut promu au grade su-
périeur de Chef d'escadron dans le 12e régiment de dragons.

Auguste Brossard était alors arrivé à
la cinquante-unième année de son âge

Le commandant Brossard était resté
un homme de cœur, modeste, et servant
toujours son pays avec distinction ; aussi
après avoir affronté mille dangers, échap-
pé plusieurs fois à une mort glorieuse
en combattant pour sa patrie, il vit arri-
ver sans orgueil le couronnement de sa
carrière si vaillamment remplie lorsque,
le 30 décembre 1858, il reçut la croix
d'Officier de la Légion d'honneur !

Messieurs,

Aprés avoir esquissé à grands traits les

principales phases de sa vie militaire, qu'il me soit permis de retracer la fin de cette existence si valeureuse et si digne par le récit des services publics que Brossard a continué de rendre à son pays une fois rentré dans la vie civile.

L'année désastreuse et à jamais mémorable de 1870, trouva l'ancien chef d'escadron Brossard vivant heureux à Bourganeuf, au sein de sa famille et jouissant avec le calme de l'honnête homme de la simplicité dans la vie privée.

Certes, il avait déjà payé avec usure sa dette à la patrie ; mais son patriotisme ardent, ses convictions républicaines lui valurent cette autre distinction justement enviée, d'être nommé *Commandant de la Garde nationale de cette ville*.

Il y avait chez le commandant Brossard le fond d'un Romain : **la liberté** et **la patrie** étaient tout pour lui !

Et, ce n'est certainement pas amoindrir l'idéal de l'homme, que d'établir un rapprochement solennel des évênements de sa vie avec la noble passion de son âme.

Il aimait la *liberté !* et, enfant de la première et glorieuse république, il naquit sous un régime de liberté !

En 1830, il fut promu officier dans l'armée, par un gouvernement de liberté.

Sous la deuxième république, en 1849; il fut fait Chevalier de la Légion d'honneur par un régime de liberté !

Enfin, notre troisième république, le salua chef de la milice citoyenne à Bourganeuf, toujours sous le règne de la liberté !!

Fier et hardi, mais tout ensemble réglé dans ses conseils, constant dans ses maximes, sage dans ses opinions, actif, laborieux et patient, Brossard donna à tous, dans son nouveau commandement, l'exemple admirable de son inflexible régularité qui fut comme l'inévitable censure, la barrière infranchissable pour les mauvais penchants de ceux qui furent, peut-être, trop surexcités par cette époque de trouble et de malheur pour le pays.

Son attitude à la fois modérée et digne, rassura donc les esprits désolés dans un moment où nos provinces étaient envahies par l'étranger.

Aussi la reconnaissance de ses concitoyens ne tarda pas à se manifester hautement en sa faveur.

A plusieurs reprises, il fut élu membre du Conseil municipal de Bourganeuf, et il obtint en janvier 1878, 372 voix sur 663 votants.

On avait besoin alors de placer à la tête de cette cité, un homme qui, par son honorabilité personnelle, son caractère énergique, ses convictions profondément républicaines, put donner toute satisfaction aux légitimes revendications de l'opinion démocratique.

En février 1878, c'est-à-dire un mois après les élections municipales, cet homme, ce maire désigné par les vœux de la majorité du conseil à la nomination du Gouvernement républicain, fut le commandant *Brossard !*

Dans ses nouvelles fonctions, là, comme ailleurs, il sut s'acquérir bientôt les sympathies publiques et ses avis apportèrent souvent la lumière dans les questions les plus ardues et les plus difficiles.

Il se fit apprécier par son activité incontestable, et, surprenante même eu égard à son âge, par sa sollicitude constante et par ses soins sans cesse apportés, soit, à la préparation réfléchie, soit à l'étude laborieuse de toutes les affaires municipales.

La multitude, la variété, la difficulté des questions n'étonnèrent jamais le maire Brossard ; il n'y avait rien de plus difficile que de le surprendre en défaut de négligence ou de dévouement.

Ce maire, d'une âme fortement trempée, intelligent et solide dans ses convictions, établit et maintint toujours dans le Conseil municipal un patriotisme ardent et un zèle de la justice qui affermit davantage au dehors l'ordre public, et fait aujourd'hui son plus grand mérite aux yeux de ses concitoyens.

C'était irriter ce vieillard, ce zélé magistrat, que de lui dire qu'il travaillait plus que son grand âge ne le pouvait souffrir.

Chargé de la principale charge municipale, cet édile ne regardait que le bien public; et dans une heureuse vieillesse, prêt à quitter ce monde, — plustôt qu'il ne le croyait lui-même — il a rendu avec son dernier soupir le dépôt de l'autorité si bien confiée à ses soins éclairés, après nous avoir montré, au détriment de sa santé, l'intérêt particulier généreusement sacrifié à l'intérêt public.

Aussi suis-je certainement ici le véritable interprète de ses honorables collègues, en disant que sa perte creuse au sein de l'Assemblée municipale un grand vide qu'il sera difficile de combler.

En terminant, je puis donc dire afin de rendre un hommage plus éclatant à sa mémoire que, Chef d'escadron, Officier de la légion d'honneur, Commandant de la Garde nationale, Maire de Bourganeuf, Auguste Brossard se montra toujours à la hauteur de sa position.

La population de cette ville a bien compris, elle aussi, la perte irréparable qu'elle vient de faire ; et tous les républicains ont voulu accompagner au Champ du repos, le patriote ardent et convaincu, l'ami dévoué, l'homme de bien, le maire intègre, le magistrat honorable que nous regrettons tous.

Puisse ce dernier témoignage public d'une foule reconnaissante et sympathique, puisse l'expression de nos sentiment patriotiques et unanimes apporter un peu de soulagement à la douleur de sa veuve, de son fils et de ses parents.

Adieu donc, Commandant Brossard, au nom de ta famille éplorée !

Adieu, au nom de ton autre et ancienne famille : **l'armée** !

Adieu, au nom de tes collègues du Conseil municipal, et de tous tes amis.

Adieu, au nom de tes concitoyens, au nom de Bourganeuf, ta ville d'adoption.

Adieu, au nom de la patrie, au nom de notre chère république dont tu étais l'un des fervents soutiens !

Bourganeuf, imprimerie J. GUILLON. — 1879